ANALYSEN UND FRAUENBILD

Titelbild „Schneeweißchen und Rosenrot" und Cover hinten „Schneewittchen" von Elke Therre-Staal

Originalausgabe
1. Auflage, August 2012
2. Nachdruck, Januar 2013
Elke Therre-Staal
Kinder- und Hausmärchen der Gebrüder Grimm
ANALYSEN UND FRAUENBILD

© 2013 Verlag Blaues Schloss· Marburg
Alle Rechte vorbehalten. Nachdruck und Vervielfältigung einschließlich Speicherung und Nutzung auf optischen und elektronischen Datenträgern nur mit Zustimmung des Verlags.
Besuchen Sie uns im Internet
www.verlag-blaues-schloss.de
ISBN 978-3-943556-15-5
Druck und Bindung: Docupoint Magdeburg
Printed in Germany

Bibliografische Information der Deutschen Nationalbibliothek
Die Deutsche Nationalbibliothek verzeichnet diese Publikation in der deutschen Nationalbibliografie; detaillierte bibliografische Angaben sind im Internet über http://dnb.ddb.de abrufbar.

*Kinder- und Hausmärchen
der Gebrüder Grimm*

ANALYSEN UND FRAUENBILD

Elke Therre-Staal

Das Frauenbild der Gebrüder Grimm

Zur Einführung ein kurzer Abriss über das Werk der Gebrüder Grimm: „Kinder- und Hausmärchen."

Der erste Teil der Kinder- und Hausmärchen erschien 1812 und umfasste 475 Seiten im Oktavformat, kostete einen Taler und 18 Groschen, enthielt 86 Märchen und umfasste den Sammelraum „Hessen" und die „Maingegenden". Der Anhang mit wissenschaftlichen Anmerkungen zeugt vom Bemühen Jacob Grimms, den wissenschaftlichen Charakter der Sammlung zu bewahren, während Wilhelm schon geneigt war, einem Lesepublikum entgegen zu kommen, welches sich ein Kinderbuch zum Vorlesen wünschte. Besonders im zweiten Band, der 1815 erschien, gelang es daher Wilhelm, durch Verdichtungen und Einbringen zahlloser volksläufiger Redensarten die Texte zu sinnvoll und geschmeidig erzählten kleinen Kunstwerken abzurunden in volks- und kindertümlicher Sprache.

Die Kinder- und Hausmärchen machen es schwer, das Frauenbild der Gebrüder Grimm darzustellen, ich muss schon sehr weit um die Wörter herum denken, nach den Auslassungen suchen, mich der harmonisierenden Erzählweise verschließen, um den Kopf frei zu haben für die Lücken.

Nähere ich mich ihnen, würde ich mir wahrscheinlich einen Tadel von Jacob Grimm einhandeln. Entsprechend seiner Meinung, dass „Frauen stets eine große, und im guten Fall unbewußte heilige Gewalt auf das Leben gehabt haben, große Thaten sind aber nie durch sie geschehen; in der Poesie haben sie vorzüglich die alte Sage gepflegt und erhalten, gleichsam ohne diesen Thau hätte das Meiste verdorren müssen, aber man kann nicht sagen, daß sie je gedichtet haben."(aus: Steffen Martus, Die Brüder Grimm, S. 202, Zitat von Jacob Grimm). Zweifellos sind die beiden Brüder Grimm solchermaßen eingestellt: Das Geschlecht neben dem männlichen sind diese lieben und sanften Geschöpfe. Nicht neugierig, nicht vorlaut, auf keinen Fall stolz und übermütig. Es gibt eine aufschlussreiche Begegnung 1813 mit Annette von Droste-Hülshoff. Die Bekanntschaft wurde über gemeinsame Freunde geknüpft, die Jacob und Wilhelm Grimm in Kassel kennenlernten. Annette und ihre Schwester Jenny wie auch die Töchter der Gastgeber von Haxthausen kannten eine Menge Märchen und Sagen, Annette zeigte sich am kenntnisreichsten, aber Wilhelm Grimm mochte sie nicht besonders. In einem Brief an seinen Bruder schrieb er, es sei „schade, dass sie etwas Vordringliches und Unangenehmes in ihrem Wesen hat, es war nicht gut, mit ihr fertig zu werden." Frühreif sei sie, wolle stets brillieren. (Stefan Martus, S. 199). Wilhelm Grimm träumte sogar von ihr, ein Alptraum, wie eine böse Zauberin erschien sie ihm: „Sie war ganz in dunkle Purpurflamme gekleidet und zog sich einzelne Haare aus und warf sie in die Luft nach mir; sie verwandelte sie in Pfeile und hätte mich leicht blind machen können, [...]" Annette von Droste-Hülshoff schuf das Gedicht vom Turm, von dem aus sie ins Land schaut und darüber räsoniert, wie gern sie ein Mann wäre, ein Jäger, ein Soldat, aber weil sie eine Frau ist, darf sie nur hier, in dieser Einsamkeit ihre Haare lösen, dass sie im Winde fliegen. Eine Analogie zu den Gedanken einer Frau, die nur frei sein dürfen, wenn sie geheim bleiben. Sie wiederum hat Wilhelm Grimm

Elke Therre-Staal: „Dornröschen" Acryl auf Leinwand 40x40 cm

als bedrohlich erlebt, er habe ihr „jahrelang den bittersten Hohn und jede Art von Zurücksetzung bereitet, so dass ich mir tausendmal den Tod gewünscht." (Stefan Martus, S. 200). Er nahm sich offenbar das Recht dazu heraus, da er sie in ihrer Art im Gegensatz zu ihrer zurückhaltenden Schwester Jenny zu wenig anziehend fand, ich behaupte, zu wenig mädchenhaft, zu wenig weiblich, obgleich der Alptraum durchaus Aspekte einer abgewehrten und daher dämonisierten Sinnlichkeit zeigt.

Aber ich will hier nicht über das Unbewusste von Wilhelm und Jacob Grimm spekulieren, sondern auf Spurensuche gehen, herausfinden, inwieweit sich das Frauenbild aus dem näheren Umfeld der Brüder Grimm von dem damaligen gesellschaftlichen Entwicklungsprozess unterscheidet und wie sich deren persönliche Einstellung zu Frauen in den Kinder- und Hausmärchen wiederspiegelt.

Es bedarf Mut, zu fragen: Gibt es nicht noch eine Welt jenseits dessen, was mir erlaubt ist zu sehen? Eine, da Frauen zu Wort und zum Wort kommen, und sei es durch ihren Körper, der seit Beginn des 19. Jahrhunderts mehr und mehr unter männliche Kontrolle geriet.
 Dafür gebe ich den Anspruch auf, schlüssige Antworten zu finden. Zum Beispiel hinsichtlich Rapunzels Schwangerschaft. Im Märchen heißt es, dass Rapunzel mit den Zwillingen, die sie geboren hatte, einem Knaben und einem Mädchen, in einer Wüstenei kümmerlich lebte. Oder warum Kinder immer wieder weggenommen werden. Wie bei „Fundevogel", da holt es ein Raubvogel und ein Förster zieht es auf. Rapunzel war ein weggegebenes Kind, Hän-

sel und Gretel wurden ausgesetzt. Auch der Vater im Märchen „Die zwei Brüder" setzt seine beiden Kinder aus, in allen Fällen ist die Mutter bedeutungslos oder nicht präsent, eingeschlafen oder tot, und die Stiefmutter böse. Im Märchen „Marienkind" nimmt die Jungfrau Maria das Kind armer Leute zu sich. Wieder geht es um weibliche Tugenden: Gehorsam, Demut, keinen Eigensinn, keine unerlaubten Fragen stellen. Das Mädchen wird mit Stummheit bestraft, da es verbotenerweise neugierig die Wohnungen des Himmelreichs aufschloss. Wenn es das nicht getan hätte, würden wir als Leserinnen gar nicht in den Genuss der prächtigen Bilder kommen, die da geschildert werden. Schön und stumm und mit goldenen Haaren, so ist sie das Objekt der Begierde des Königs. Und alle drei Kinder, die sie gebiert, nimmt die Jungfrau Maria zur Strafe für ihren Ungehorsam weg. Die junge Königin kommt erst im Angesicht des brennenden Scheiterhaufens, da ihr vorgeworfen wird, ihre Kinder gefressen zu haben, zur Einsicht, dass es ihr Leben kostet, wenn sie nicht endlich bereut. Die Sünde gesteht, neugierig gewesen zu sein. Hier haben wir ein Beispiel, wie eine Frau der anderen die Regeln beibringt. Unter Androhung der Todesstrafe und indem sie ihr die Kinder wegnimmt.

Wenn es um ein Ehrenwort geht, wie im „Froschkönig", ist es bedeutungslos, was die junge Frau fühlt. Ebenso, wenn der Vater beschließt, sie zu verheiraten wie im „König Drosselbart". Wo sind die Mütter, die mit anderen mutigen Frauen, den Ammen und den Hebammen, einen weiblichen Schutzraum gewährleisten? Warum müssen überhaupt Kinder, wie zum Beispiel im Rumpelstilzchen, Verhandlungsgegenstand sein?

Welche Ideologie und welche neu zu installierenden Tabus sollen vermittelt werden von Nestwärme, Mütterlichkeit und Familie, ohne Inzest wie bei „Allerleirauh", ohne Kannibalismus und Aussetzen der Kinder wie bei „Hänsel und Gretel", Mordabsichten einer eifersüchtigen Mutter? Wenn, dann konnte es nur die Stiefmutter sein, wie bei „Schneewittchen". Neben ihr bleibt der Vater blass.

Der starke Vater tritt eher ohne eine Frau an seiner Seite auf, so wie im „Drosselbart" oder im „Froschkönig".

Um die Zähigkeit und Langlebigkeit von Rollenklischees, insbesondere die Meinung über das, was eine Frau braucht und was ihr gut tut, zu verdeutlichen, möchte ich von einer Episode erzählen, die sich hundert Jahre später ereignete.

1928 hielt Virginia Woolf in Cambridge zwei Vorträge über Frauen in der Literatur und verarbeitete sie in dem Essay: „Ein Zimmer für sich allein." Der These, nie hätte eine Frau Shakespeares Stücke schreiben können, hält sie entgegen: Hätte er eine Schwester gehabt mit einer vergleichbaren Begabung: „sie hätte scheitern müssen." In dem fiktiven Lebenslauf der Schwester Judith Shakespeare, begabt mit Lust am Schreiben und am Schauspielern, bringt sich Judith am Ende um. Folgende Begebenheit gemahnt an die guten Ratschläge im Brief von Jacob Grimm an die Schwester Lotte. Am Morgen des Tages, da Virginia Steine in ihre Manteltaschen häufte, ins Wasser ging, um ihrem Leben, gequält von schweren Depressionen, ein Ende zu bereiten, hatte ihr Gatte Leonhard Woolf die Haushälterin Louie Mayer gebeten: „Louie, würden Sie bitte Mrs.

Woolf ein Staubtuch geben, damit sie Ihnen beim Saubermachen helfen kann?"

Ein Haushaltsgegenstand sollte Virginia helfen, ihr Gefühl von Sinnlosigkeit mit einer sinnvollen Tätigkeit zu überwinden.

In der heutigen Zeit der Entscheidungs- und Wahlfreiheit gibt es nur noch schwer aufzuspürende, aber nicht minder hartnäckige Rollenzuweisungen. Blicken wir kurz in das Büro eines Verwaltungsleiters, der eine freie Arztstelle besetzen will. „Sie haben Kinder?", diese Frage wird mit Ja beantwortet, geschlechtsunabhängig. Dann folgt bei der Bewerberin die Frage: „Wie schaffen Sie das denn? Nachtdienste, Wochenenddienste?" Eher unwahrscheinlich, dass sie antwortet: „Ich habe einen Mann." Wahrscheinlicher: „Meine Eltern wohnen im Haus" oder „Ich habe eine Haushälterin/Kinder-frau/Tagesmutter." Würde diese Frage dem männlichen Bewerber gestellt, würde er mit großer Wahrscheinlichkeit antworten: „Ich habe eine Frau", und vermittelt damit, dass er einsatzfähig ist. Wird er jedoch unvorsichtigerweise hinzufügen: „Meine Frau erwartet das dritte Kind, ich möchte die Elternzeit wahrnehmen", kann ich nicht garantieren, dass er die Stelle bekommt. Es werden aber andere Gründe genannt werden.

Das typische Frauenschicksal zu Beginn des 19. Jahrhunderts stelle ich exemplarisch am Leben von Lotte Grimm, Schwester von Wilhelm und Jacob Grimm, dar.

Jacob Grimm ermahnte brieflich die kleine Schwester, sie solle nähen lernen, zeichnen, spinnen, stricken und sticken und dabei fleißig und artig sein

„das müssen alle kleinen Mädchen seyn sonst kann man sie nicht leiden." (Stefan Martus, S. 41)

Die beiden älteren Brüder Grimm hatten nach dem frühen Tod des Vaters die Erziehung für die jüngeren Geschwister übernommen. Lotte Grimm war fünf Jahre alt, als Wilhelm, zwölfjährig, und Jacob, ein Jahr älter, die Familie in Steinau verließen. Betreut von ihrer Tante Henriette Zimmer, Schwester der Mutter, die als Kammerfrau der Landgräfin am kurfürstlichen Hof zu Kassel tätig war, besuchten sie in Kassel das *Lyceum Fridericianum*.

Nach dem Tod der Mutter sollte die 15-jährige Lotte den Haushalt übernehmen. Tante Henriette Zimmer betraute sie mit der Aufgabe und schrieb ihr: „es ist die Zierde u die Ehre eines Mädgen wenn Sie sich zum fleiß u einer Haußhaldung gewöhnt", jedoch gestand Lotte, dass sie „keine lust zur Haußhaldung" habe. (Stefan Martus, S. 135). Die Tante bestand jedoch darauf: „Thätig seyn auf alles acht geben das nichts zu Schaden komt u zu lernen waß zum Kogen gebraucht wird u im einkauffen waß am Nützlig ist auf dieses must du doch acht geben."

Lotte übernahm die Versorgung der älteren Brüder, alle zusammen wohnten sie nun in Kassel. Jacob und Wilhelm wunderten sich über sie und schrieben an Carl von Savigny, dass sich ihr „sonderbar hart steinern Gemüt [...] mit aller Liebe nicht zwingen lasse"; sie sei stets „verdrißlich und langweilig." (Stefan Martus, S. 136)

Nun können wir die Sammlung der unerwünschten Verhaltensweisen vervollständigen:

Vordringlich, unangenehm, frühreif (Annette von Droste-Hülshoff), stolz und übermütig (die Prinzessin im Märchen „König Drosselbart"), neugierig und ungehorsam („Marienkind"), verdrießlich und langweilig (die Schwester Lotte Grimm). Alle diese Frauen wollten sich mit der ihnen zugewiesenen Rolle nicht abfinden.

Lotte Grimm zog im Alter von 22 Jahren zu dem Gerichtsassessor Daniel Ludwig Hassenpflug, dem Bruder ihrer Freundin Jeannette, die mit ihren Schwestern eine der Zuträgerinnen für die Kinder- und Hausmärchen war und zum sogenannten Freitagszirkel in der Marktgasse 17 in Kassel gehörte. Ein Jahr später, 1816, verlobte sie sich, die Heirat fand sechs Jahre später statt. Möglich, dass finanzielle Gründe eine Rolle für die lange Verlobungszeit ausschlaggebend waren. Dann folgten in acht Jahren sechs Geburten. Vier bis fünf Monate nach der letzten Schwangerschaft wurde offenbar wieder ein Kind gezeugt. Das zweite Kind, Agnes, starb im Alter von zehn Monaten. Das vierte Kind, Berta, starb im Alter von vierzehn Monaten. Wenige Tage nach Niederkunft des jüngsten Kindes mit Namen Dorothea reichte die Lebenskraft nicht mehr aus, um eine hartnäckige Lungenentzündung zu überwinden. Lotte Hassenpflug geborene Grimm starb 22 Tage nach der Geburt ihrer Tochter im Alter von 40 Jahren.

Lotte Grimm war drei Jahre alt, als der Vater starb, verlor mit fünfzehn Jahren die Mutter, führte dann den Haushalt für die Brüder, gründete sieben Jahre später mit dem zukünftigen Ehemann einen eigenen Hausstand, heiratete nach sechs Jahren und starb acht Jahre danach.

Auch im Elternhaus der beiden Brüder Grimm war die Erfahrung von Sterben und Tod den Kindern früh gegenwärtig. Die Mutter Dorothea, deren erstes Kind ein Jahr vor Jacobs Geburt gestorben war, gebar nach Jacob noch acht Kinder, bei der Geburt des jüngsten Geschwisterkindes, der kleine Junge lebte knappe 9 Monate, waren Jacob neun und Wilhelm acht Jahre alt. Die zeitlichen Abstände, bis wieder ein Kind gezeugt wurde, lagen zwischen vier und elf Monaten, das bedeutet: neun Kinder in elf Jahren. In den sieben Jahren ihrer neuen Heimat in Steinau hatten die Brüder zwei kleine Brüder sterben sehen und erlebten, wie der nur 44-jährige Vater innerhalb weniger Wochen an den Folgen einer Lungenentzündung starb. Charlotte Schlemmer, geborene Grimm, Schwester des Vaters, starb ein Jahr nach dem Tod des Vaters. Sie hatte in der Familie gelebt und war eine wichtige Bezugsperson in der frühen Kindheit der Brüder gewesen, die ihnen das Schreiben und Lesen beibrachte.

Die Mutter war mit einundvierzig Jahren Witwe geworden. Achtzehn Tage nach dem Tod des Vaters schrieb der elfjährige Jacob Grimm im Jahr 1796 der Tante Henriette Zimmer und erbat für sich und seine fünf vaterlosen Geschwister „Liebe und Vorsorge" (Stefan Martus, S. 33). Eine frühe Ernsthaftigkeit spricht aus den Zeilen. Die Tante hatte keine eigenen Kinder, sie konnte die Familie finanziell unterstützen. Der geliebte Großvater Zimmer war als Vormund für die vaterlosen Kinder eingesetzt worden. Er starb zwei Jahre nach dem Tod des Vaters. Der frühe Tod des Ehemannes bewahrte Dorothea Grimm geborene Zimmer vor weiteren Schwangerschaften.

Die Kinder aus gutbürgerlichem Hause wurden zu der damaligen Zeit zu Hause geboren. Accouchiranstalten entstanden, aber nur mittellose und nicht verheiratete Frauen begaben sich dorthin. Ein traditionsreiches Frauenhandwerk, nämlich das der Hebamme, für welches Gebären und Stillen natürliche

Vorgänge waren, wurde unter ärztliche Aufsicht gestellt. Sadistische chirurgische Eingriffe in den Körper der Frauen wurden mit wissenschaftlichen Motiven verbrämt. (aus: Marita Metz-Becker, Gebären im Dienst der Wissenschaft, Akademische Geburtshilfe und ihre Folgen am Beispiel der Marburger Accouchiranstalt in der ersten Hälfte des 19. Jahrhunderts)

Der neue Begriff der „gesundheitsgemässen Krankheit" pathologisierte Menstruation, Schwangerschaft und Stillzeit. Entsprechend bürgerte es sich ein, eine menstruierende Frau als nicht zurechnungsfähig zu bezeichnen, sie wäre auf keinen Fall in der Lage, ein Hochschulstudium zu absolvieren.
Der ärztliche Geburtshelfer war nun in der Lage, Wesen und Körper der Frau zu erklären und den Wirkungskreis des Weibes zu definieren, obwohl er sich darüber beklagte, dass „das Studium dieses Geschlechts sehr erschwert wird durch die dem Weibe einwohnende Verschlossenheit, durch seine Verstellungskunst, Eitelkeit usw." Aber dem Frauenarzt zeige sich das Weib „noch am wahrsten und treuesten", so der in den 1820er Jahren in Marburg tätige Direktor der Gebäranstalt, E.C.J. von Siebold. (aus: Marita Metz-Becker, Eduard Casper Jakob von Siebold: Geburtshilfliche Briefe, Braunschweig 1862)
„Schauen wir uns die Fakten an", schrieb Virginia Woolf (S. 27), „zuerst sind es neun Monate, bevor ein Baby geboren wird. Dann wird das Baby geboren. Dann verbringt man drei oder vier Monate damit, das Baby zu stillen. Nachdem das gestillt ist, werden mit Sicherheit fünf weitere Jahre damit verbracht, mit dem Baby zu spielen."

Die Mütter zu Zeiten der Brüder Grimm hatten den Wunsch, selber zu stillen und das Kind nicht einer Amme zu geben. (aus: Elisabeth Badinter, Die Mutterliebe, dtv Sachbuch, S. 162 ff.) Von der Zwangsjacke des Wickelkissens befreit konnte das Kind strampeln, auf allen Vieren krabbeln.

Nur eine Mutter mit ausreichendem Personal konnte sich das leisten.

Weder Feldarbeit noch aufwendige Putz-, Wasch- und Kocharbeiten im Hause hielten sie davon ab, sich dem Kind zu widmen, der Hygiene, der richtigen Ernährung.

Zuvor wuchsen die Kinder mehr nebenher auf, wurden ihre ersten Lebensjahre zu Bauern gegeben, bis nach etwa vier Jahren das unappetitliche Stillgeschäft, das hirnlose Brabbeln und die abstoßende Verdauungstätigkeit vorüber waren und die Kinder dressiert als kleine Erwachsene in den elterlichen Haushalt zurück kehren durften. War es ihnen vergönnt, ihre ersten Lebensjahre schon unter dem elterlichen Dach zu verbringen, wurden sie von Dienerinnen versorgt, die ihrerseits ihre Kinder abgegeben hatten, um des Verdienstes willen für den Lebensunterhalt von jüngeren Geschwistern und in Armut lebenden Eltern.

Die bürgerlichen, gut situierten und gebildeten Eltern fühlten sich jetzt verantwortlich für das Glück ihrer Kinder. Überhaupt gab es einen neuen Glücksbegriff, der mit der „Rückkehr zur Natur und zu natürlichen Vorgängen" gekoppelt war. Wenn die Mutter nach mehreren Wochenbetten das letzte nicht mehr überlebte, übernahm die ältere Schwester die Mutterrolle. Wer hat es nicht schöner beschrieben als Goethe im Werther: seine Lotte, zweifellos eine Enttäuschung für die Brüder Grimm, dass ihre Lotte dem idealisierten Vorbild so gar nicht entsprechen wollte.

Jene behagliche Wohligkeit, die Jacob Grimm beschreibt, wenn seine Mutter seinen Kopf auf ihrem Schoß hatte und die Läuse in seinen Haaren knackte oder ihm sogar abends vor dem Einschlafen über den Kopf strich, war bis ins hohe Alter eine leuchtende Erinnerung.

Bedeutete das neue Mutterbild aber nicht wieder eine andere Art von Zwang, war die Frau nicht dadurch erneut an Heim und Herd gebunden, da die ersten Lebensjahre für die Entwicklung des Kindes für so wichtig erkannt wurden? Aus Eva ist Maria geworden, schreibt Badinter. Biologistisch konnte nun die Bestimmung und Fähigkeit des Weibes klar definiert werden.

„Enge Grenzen hat daher die Natur der Frau angewiesen: ihr gehört das Haus, dem Manne die Welt... Der Wirkungskreis des Weibes ist daher beschränkt, nur auf den Einzelnen gerichtet, und diesem gemäß sind auch die Geistesfähigkeiten der Frau gebildet, ist der weibliche Charakter geschaffen. Jene, die intellektuellen Kräfte des Weibes, kommen denen des Mannes nicht gleich. Es fehlt dem Weibe an hoher Genialität, an durchdringender Geisteskraft, an umfassendem Blicke." (Zitat von E.C.J. von Siebold, aus: Marita Metz-Becker, a.a.O.)

Diese Meinung ist durchaus der von Jacob Grimm gleich zu setzen.

Die jungen Frauen, die Wilhelm und Jacob zufolge die alten Sagen pflegten und Zuträgerinnen für Märchenmaterial waren, verstummten schon nach ihrer Verheiratung. So dass der seit Anfang 1815 geplante dritte Märchentextband nicht mehr zustande kam.

Dem für seine Forschungen über die Gebrüder Grimm ausgezeichnete Heinz Rölleke erscheint dieser Umstand bemerkenswert. (S. 92)

Was mag Jacob Grimm, der sich von Frauen fernhielt, und eine anstehende Verlobung mit Luise Bratfisch als Sanierungsmaßnahme des von der Schwester Lotte verlassenen Haushaltes aufkündigte, bewogen haben, Frauen eine „heilige Gewalt" zu zusprechen? Jacob war das erste überlebende Kind und der älteste Sohn. In tiefer Liebe waren er und Wilhelm ihr Leben lang verbunden.

Jacob hatte als Kind gern der Magd Marie zugeschaut, wenn die sich morgens und abends die Haare richtete und mit den gespreizten Fingern hindurchfuhr. Stellen wir uns ein neugieriges und auch dem Sinnlichen durchaus zugeneigtes Kind vor.

Eine wichtige Bezugsperson, fast noch wichtiger als die Mutter, wurde die Tante Charlotte Schlemmer, die Jacob und Wilhelm schon im frühen Alter an die Sprache im gelesenen und geschriebenen Wort heranführte. Sie war eine sehr liebe Frau, fand Jacob, er war ihr Lieblingsneffe, da er dem Vater ähnlich sah. Zwischen ihr und der Mutter gab es Spannungen, sie konkurrierten um den Vater. Tante Schlemmer habe ein gewisses Maß an „Welterfahrung und Verstand gehabt", mehr als die Mutter.

Jacob Grimm hatte ein besonderes Verhältnis zur deutschen Sprache, von ihm stammt der Satz: „Alle Wörter scheinen mir gespaltene und sich spaltende Strahlen e i n e s wunderbaren Ursprungs." (im Zusammenhang mit der Gründung ihrer Zeitschrift 1813: Die altdeutschen Wälder, wo sich Thesen zur Natur- und Kunstpoesie finden lassen und der Versuch der Sprachenvergleichung in der Einheit aller Sagen und Religionen. Stefan Martus, S. 197). Und damit hat er mein Herz gewonnen, wie auch mit dem Aufruf zum Sammeln deutscher Poesie und Geschichte anlässlich des Unternehmens der Gebrüder, Kinder- und Hausmärchen herauszugeben:

Jacob schreibt über den „unveralteten Sinn von Sagen und Traditionen in der Unscheinbarkeit der Äußerung und der Unwandelbarkeit eines innerlichen, warmen Reichthums der Volkspoesie; wie schwer es, ihn zu heben, [...] es gehört dazu nicht nur unschuldige Einfalt, [...] sondern auch wieder Bildung, um jene Einfalt zu fassen, die ihrer ganz unbewußt ist, vor allem gehört dazu strenge Treue und dagegen milde Freundlichkeit [...]" (Rölleke, S. 70)

So wünsche ich mir also das Wohlwollen von Jacob in meiner Analyse, bin mir auch der freundlichen Geneigtheit Wilhelms gewiss, der als der geselligere der beiden dafür gesorgt hat, dass das Freitagskränzchen als literarischer Treff in der Marktgasse 17 in Kassel regelmäßig stattfand, auf jeden Fall bis 1813, bis also der erste Band der Kinder- und Hausmärchen im Druck war.

Kehren wir noch einmal zurück zu dem neugierigen Knaben, der heimlich die Magd beobachtet, sollte er nicht noch andere Beobachtungen gemacht haben?

Bekanntermaßen haben die Grimms Anspielungen auf Erotik und Sexualität aus der Textoberfläche getilgt. Wilhelm Grimm meinte, dass Kindermärchen erzählt werden, „damit in ihrem reinen und milden Lichte die ersten gedanken und Kräfte des herzens aufwachsen und wachsen." (Stefan Martus, S. 213)

Die MärchenbeiträgerInnen waren eloquente, gebildete junge Damen aus gutbürgerlichen Kreisen. Man traf sich bei Grimms in deren Wohnung in der Marktstrasse in Kassel neben der Apotheke der Familie Wild. Dorothea und mehr noch ihre Schwester Gretchen Wild wie auch die Mutter ebenfalls mit Namen Dorothea waren die Quellen für die ersten Aufzeichnungen Wilhelms. Vierzehn ihrer Märchen sind in den Kinder- und Hausmärchen aufgenommen.

Ferner Friederike Mannel, Pfarrerstochter aus Allendorf, die französisch sprach und literarisch sehr gebildet war und schon Clemens Brentano mit Volksliedern für „Des Knaben Wunderhorn" versorgt hatte. Von den Märchen, die sie 1808 in eigenhändiger Niederschrift teils in Aufzeichnungen der Schüler ihres Vaters an die Grimms schickte, wählten die Brüder sechs für die Kinder- und Hausmärchen aus.

Noch zahlreicher und gewichtiger waren die Beiträge der drei Schwestern Hassenpflug, die ab 1808 zu dem literarischen Teekränzchen in der Marktgasse 17 gehörten.

Da im Hause Hassenpflug nur Französisch gesprochen wurde, gibt es oft Übereinstimmungen mit französischen Märchenfassungen, und es wird vermutet, dass eine sogenannte alte hessische Märchenfrau niemand anderes war als Marie Hassenpflug, zu dem Zeitpunkt gerade 20 Jahre alt. Und man nimmt an, dass die angegebenen Landstriche als Herkunftsorte der Märchen insbesondere die sogenannte „Maingegend" mit dem Hinweis „aus Hanau" identisch ist und aus der Hassenpflugschen Quelle stammt, da diese Familie bis 1793 in Hanau wohnte. Sechzehn Märchen sind auf deren Erzählungen zurückzuführen. Ebenfalls engagierten sich die Töchter Ramus des französischen Stadtpredigers in Kassel, von denen ein Märchen übernommen wurde.

Die Gebrüder Grimm sind keineswegs märchensammelnd übers Land gezogen und schon gar nicht zu einfachen Leuten, sondern sie ließen fast ausschließlich zu sich kommen. Nicht ein einziges ist aus Kindheitserinnerungen von Jacob und Wilhelm Grimm oder ihrer Geschwister geschöpft. (Stefan Martus, S. 208)

Zwei Märchen stammen von einer alten Frau aus dem Marburger Elisabethhospital, dies war auf Drängen von Clemens Brentano zustande gekommen.

Der einzige Mann, dem die Brüder bei der Erstellung des ersten Bandes vier Märchen verdanken, ist der pensionierte Dragonerwachtmeister Krause aus Hoof bei Kassel, seine Beiträge wurden in den späteren Auflagen der Kinder- und Hausmärchen noch mehrfach umgeschrieben.

Für den zweiten Band von 1815 sind neben den Wilds und den Hassenpflugs noch weitere Quellen zu nennen, als da sind Ferdinand Siebert, Kandidat der Theologie in Treysa, unglücklich verliebt in Friederike Mannel, ferner Freiherr August von Haxthausen und Verwandte wie die Droste-Hülshoffs und Dorothea Viehmann aus dem bei Kassel gelegenen Dorf Niederzwehren, die 40 Märchen beitrug.

Über diese Frau begeisterte sich Wilhelm, sie muss eine Ausnahmeerscheinung für ihn gewesen sein. Ihr „festes und angenehmes Gesicht" hat der jüngere Bruder und Maler Ludwig Emil Grimm als Deckblatt für die Zweitauflage des zweiten Bandes gestochen. Frau Viehmann war eine geborene Pierson, stammte von den Hugenotten ab und sprach gut französisch. Sie war von den Schwestern Ramus zu den Grimms geschickt worden und wurde zum Idealtyp der Grimmschen Märchenfrau stilisiert. Frau Viehmann war die Gattin des Dorfschneiders, als Wirtstochter in der Knallhütte bei Kassel aufgewachsen und die einzige Quelle, die zwar gebildet, jedoch nicht aus gutbürgerlichem Hause war. Ihr unverhoffter Tod und das allmähliche Versiegen der anderen mündlichen Märchenquellen beendeten weitere Veröffentlichungen.

Insgesamt wurden in den beiden Bänden 156 Titel veröffentlicht, in jeder Auflage kamen einige hinzu. In der 7. Auflage von 1857 waren es schon 211 Märchen. Diese stammten überwiegend aus literarischen Quellen.

Das literarische Gestalten der teilweise kurzen und spröden Texte ist Wilhelm zuzuordnen, von ihm stammt: „Es war einmal..." oder „Als das Wünschen noch geholfen hat..." Er korrigierte Fragwürdigkeiten, wenn sie nicht den Idealen entsprachen, denen sich die Brüder seit ihrer Begegnung mit Savigny und Brentano in Marburg verpflichtet fühlten.

Nämlich einerseits das Interesse an der Tradition mit einer modernen Forschungshaltung zu verbinden, andererseits wissenschaftliches Handeln mit Poesie lebendig und gesellig zu gestalten. Aus dem Aufruf von Jacob Grimm im Januar 1811 zur Sammlung von Volksliteratur klingt die Begeisterung und Überzeugung an dem von Brentano initiierten Unternehmen seit der gemeinsamen Arbeit an „Des Knaben Wunderhorn":

„Still und rein steht das Wesen unserer Vorfahren hinter uns, [...] in Unwandelbarkeit eines innerlichen, warmen Reichthums; seit wir es so recht empfunden haben, ist uns gleichsam ein Aug mehr für die treue Natur deutscher Begebenheit aufgegangen und dadurch, daß wir sie sehr lieben gelernt, lieben wir uns desto unverbrüchlicher auch einander. Mit dieser Gesinnung ist es jetzo, wenn jemals, thunlich geworden, eine geschichte unserer Poesie zu bereiten, dergleichen keine noch geschrieben worden ist... Ist nicht die Volkspoesie der Lebenssaft, der sich aus allen Thaten herausgezogen und für sich bestanden hat? [...] Ob wir gleich in manchen deutschen gegenden Freunde, durch diese anderweite Bekannte zählen, so wünschen wir doch eigentlich in jeder Provinz einen verständigen Mann für unsere Absicht zu gewinnen, [...] so rechnen wir auf die Beihilfe rechtschaffener und einsichtiger Pfarrer und Schullehrer, auf die treugehaftete Erinnerung des Alters, am meisten aber doch auf den einwärts gewandten Sinn deutscher Frauen, wogegen wir der Männer Feder, welche jene zu führen scheu und ungewohnt, desto mehr in Anspruch nehmen." (Rölleke, S. 73)

Der einwärts gewandte Sinn deutscher Frauen, die scheu und ungewohnt sind, die Feder zu führen, so schreibt einer in der Selbstgewissheit männlicher Überlegenheit.

Ich hatte das Glück, eine Mutter und eine Großmutter zu haben, die Märchen liebten und mir unter anderem auch aus den Kinder- und Hausmärchen vorlasen. Und dass meine Mutter Dorothea hieß, veranlasst mich zu der Vermutung, dass auch für die Brüder Grimm der Frauenname Dorothea eine Gewähr war für Herzenswärme.

„So umgarnt die Mutterstimme das Kind mit liebevoller Intimität", schreibt Johann Heinrich Pestalozzi (1746 bis 1827), ein Zeitgenosse der Brüder Grimm, in seiner Abhandlung über die „Menschenbildung durch Ton und Sprache." (Stefan Martus, S. 528). Die Mutter der Brüder, Dorothea Grimm, geborene Zimmer, war eine stille, in sich gekehrte Frau, die gern am Fenster saß und in einen Spiegel sah, der ihr einen Blick auf die Strasse vor dem Haus ermöglichte. Hinter diesem Spiegel stak eine Rute, an deren Gebrauch Jacob sich jedoch nicht erinnerte. Er lobte ihre standhafteste Selbstverleugnung, hingegen erinnert Wilhelm sich daran, die Mutter weinen gesehen zu haben.

1805 schrieb Wilhelm an seine Tante Henriette: „Wenn ich die Mutter bisweilen in den Ferien so still für sich hin trauern, ja weinen sah, dann glaubte ich, mein Herz würde mir vor Schmerz und Angst zerspringen, denn das alles hat sie für uns gelitten." Jacob sah seine eigene Neigung zur Verschlossenheit als mütterliches Erbe an.

Er war 23 Jahre alt und Wilhelm 22, als die Mutter im Alter von 52 Jahren starb. Acht Tage hatte der Todeskampf gedauert.

„Sanft und still", diese Frau wurde lobend erwähnt: Jenny von Droste-Hülshoff, die ältere Schwester von Annette. Wilhelm hatte innige Gespräche mit ihr geführt, möglich, dass sich Jenny unglücklich in ihn verliebt hatte. Überhaupt unterhielten die Brüder mit vielen Frauen regen Kontakt, es scheint immer im Bereich der Nützlichkeit harmlos und ungefährlich gewesen zu sein, man könnte es ein professionelles Interesse nennen, damit die Quellen für Märchenbeiträge lebendig gehalten wurden.

Selbstbewusst durfte Bettine sein, die Schwester von Clemens Brentano und verheiratet mit dem besten Freund der Gebrüder Grimm, Achim von Arnim. Daher war sie geschützt im vertrauten Raum von Freunden und Freundinnen und deren Geschwistern, aus dem künftige Ehepartner ausgewählt wurden. Damit blieb die Ehe offen für verwandte Sozialbeziehungen, schreibt Stefan Martus (S. 309)

Wilhelm Grimm heiratete 1825 im Alter von 39 Jahren, angeblich, um dem halbstudentischen Haushalt nach Lottes Eheschließung ein Ende zu bereiten. Aber es wird mehr gewesen sein, eine tiefe Vertrautheit und seit Jahren gewachsene Verbundenheit.

Die Erwählte war Dorothea Wild, sechs Jahre jünger als Wilhelm Grimm, eine der vielen Töchter des Apothekers Wild in der Marktgasse in Kassel, sie hatte denselben Vornamen wie die Mutter der Brüder Grimm und war seit ihrem siebten Lebensjahr mit dem Brüderpaar aufs engste freundschaftlich verbunden. Zudem kannte sie die Mutter der Grimms und wurde von ihr wie eine Tochter wertgeschätzt. Als eine der Zuträgerinnen für Märchen hat sie auch an Neufassungen mitgearbeitet, unter anderem an dem Märchen vom „König Drosselbart". Sie hatte offenbar kein Interesse daran und sah keinen Anlass, die etwas moderatere Form der Urfassung beizubehalten. Im Gegenteil, der Aufbau der sich steigernden Demütigung und Zähmung des noch von Stolz und Übermut übersprudelnden Mädchens hatte, so dürfen wir annehmen, Dorothea Wilds Zustimmung wenn nicht gar Mitwirkung gefunden. Auf diese Weise erarbeitete sie sich das Vertrauen von Jacob und Wilhelm Grimm, letzterer brauchte in seiner Angst vor dämonischen Frauen (s.o. die Episode und der Traum betreffend Annette von Droste-Hülshoff) Sicherheit, dass sein zukünftiges Ehegespons die Rolle der Frau im Rahmen der erlaubten Grenzen verinnerlicht hatte.

Dorothea Wild, verheiratete Grimm führte ab 1825 eine ménage à trois. So blieb die Bruderliebe ungestört.

Wie war es noch bei Schneewittchen? „Wenn du unsern Haushalt versehen und kochen, nähen, betten, waschen und stricken willst, auch alles ordentlich und rein halten, sollst du bei uns bleiben und es soll dir an nichts fehlen." (aus: Kinder- und Hausmärchen, 1. Band)

Auch Dorothea Grimm geborene Wild wurde das ==Mutterschicksal, ein Kind zu verlieren, nicht erspart==: ihr erstes Kind Jakob starb im Alter von acht Monaten, Jacob trauerte sehr um den Tod seines kleinen Neffen. Dorothea Grimm war bei der Entbindung 33 Jahre alt, für die damalige Zeit schon eine ältere Erstgebärende. Die in den nächsten vier Jahren geborenen drei Kinder erreichten alle das Erwachsenenalter.

Um zum Abschluss zu kommen, möchte ich mich Achim von Arnim anschließen, der 1812 den Brüdern Mut machte, ihre Märchensammlung zu veröffentlichen.

„Er meinte, wir wollten nicht zu lange damit zurückhalten, weil bei dem Streben nach Vollständigkeit die Sache am Ende liegen bleibe", so heißt es in der Vorrede zu den Kinder- und Hausmärchen 1837. (Rölleke, S. 82)

Die Tatsache, dass die ersten Märchenbeiträger fast ausnahmslos junge Frauen waren, die auch in der späteren Geschichte der Kinder- und Hausmärchen stets präsent bleiben sollten, spiegelt eine seit dem frühen 18. Jahrhundert sich durchsetzende Tendenz:

„Das Märchenerzählen war in Deutschland zu einer Domäne der Frauen geworden." (Rölleke, Die

Märchen der Brüder Grimm, Verlag Reclam 2004, S. 79)

Zusammenfassende Überlegungen

Aus der heutigen Zeit einen kritischen Blick auf das Frauenbild der Gebrüder Grimm zu werfen, erscheint vermessen. Dennoch gibt es einen Grund, der das Unternehmen rechtfertigt: die Hartnäckigkeit von Rollenzuweisungen, mit der sich auch heute noch Frauen auseinandersetzen müssen. Denken wir an die erfolglose Frauenflexiquote, an den Missbrauch des weiblichen Körpers in der Werbung, an das Bemühen, eine Stellenteilung in führenden Positionen oder im Beamtenstatus durchzusetzen.

In dem Zusammenhang ist es m.E. von Bedeutung, dass die Kinder- und Hausmärchen bis heute als Lese- und Lernstoff so beliebt sind. Alles bleibt beim Alten. Freche Frauen lernen Demut und Gehorsam.

Wie eine Frau das Fürchten lernte
oder
Der Widerspenstigen Zähmung

König Drosselbart

Das Märchen:
Eine Königstochter, „stolz und übermütig", lehnt alle Freier ab, spottet über einen, der habe ein Kinn wie die Drossel einen Schnabel. Daher der Name Drosselbart. Der erzürnte Vater besteht auf einer überstürzten Trauung mit einem armen Spielmann, der sich ins Herz des Königs gesungen hat. Er ist der abgewiesene Bewerber. Die junge Frau lebt nun in ärmsten Verhältnissen. Um Geld zu verdienen, soll sie Körbe flechten und auf dem Markt Töpfe verkaufen. Ein Husar reitet alle zu Scherben, niemand anderer als der verkleidete König Drosselbart. Er erklärt sie für unfähig zu ordentlicher Arbeit und schickt sie als Küchenmagd ins Königsschloss. Nachdem er sich ihr endlich zu erkennen gibt, kommt es zur Heirat. Längst hat die junge Frau ihren Stolz und Übermut bereut.

Die Urfassung geht auf eine Erzählung der Geschwister Hassenpflug zurück, die sich ihrer aus ihrer Kinderzeit in Hanau erinnerten. (aus: „Kinder- und Hausmärchen." Die handschriftliche Urfassung von 1810, herausgegeben und kommentiert von Heinz Rölleke. Verlag Philipp Reclam 2007, S. 112)

Sie will nicht heiraten. Aber einfach Nein sagen darf sie nicht. Deshalb greift sie zu einem Mittel, ohne zu spüren, dass sie damit den Bogen überspannt: sie mäkelt. Sie ist ja noch nicht einmal verdrießlich, im

Elke Therre-Staal: „König Drosselbart" Acryl auf Leinwand 60x90cm

Gegenteil, sie spottet und glaubt offenbar, sich das erlauben zu dürfen.

Wünscht sie zu heiraten? Ich behaupte: nein. Aber sie weiß nicht, dass sie als Mittel von Machterhalt oder Machtausweitung des väterlichen Königshauses zu dienen hat. Es sieht so aus, als hätten wir einen toleranten Vater. Dessen Geduld zu lange strapaziert wurde.

Machen wir einen Zeitsprung und gehen in die Gegenwart. Schauen uns die Geschichte von einer anderen Warte aus an.

Es war einmal ein junger Mann. Stolz und übermütig war er. An jeder Frau, die ihm seine Mutter als zukünftige Gattin vorführte, hatte er etwas auszusetzen. Denken wir nicht sofort, dass er noch etwas anderes im Sinn hat, als zu heiraten? Der Stolz und der Übermut sind in diesem Fall Hinweise dafür, dass sich der junge Mann nicht an den verlängerten Arm der Mutter binden lassen will. Er hat eigene Pläne, will noch in die Welt hinaus. Zurück zum Märchen der Gebrüder Grimm:

Der König ist erzürnt. Schluss mit dem Getue! Der erste beste Bettler soll der Gatte sein.

„Die Tochter erschrak", so ergänzt Wilhelm Grimm die Urfassung. Und nicht genug damit, dass auf ihre Gefühle keine Rücksicht genommen wird. Sie wird zudem noch verachtet und zu guter Letzt verstoßen. Als Bettlersfrau ist sie nämlich nicht mehr standesgemäß. Also wird sie fortgejagt. Das Muster autoritär-patriarchaler Strafmaßnahmen kennen wir: erst die Würde nehmen, dann dafür noch verachten. Die väterliche, königliche Liebe gibt es nur bei bedingungslosem Gehorsam und dann auch nur, wenn sie ins Kalkül passt. Ich nehme an, von Liebe war zuvor schon nicht viel vorhanden. Diese Tochter sagt nicht: „Liebster Vater, ich tue alles, was Ihr von mir verlangt, denn ich will Euch nicht erzürnen. Ich kenne meine Rolle, nämlich durch eine standesgemäße Heirat den politischen Einfluss meines Vaterhauses zu fördern."

Dieser Vater hat in seiner Erziehung versagt. Denn die Tochter hat ihre standesgemäße Aufgabe nicht gelernt, weder durch Identifikation mit dem Vater, dem König, noch durch Imitation einer Mutter, die als treue Gattin solidarisch alles, vor allem die Erziehung der Kinder, in den Dienst der künftigen Repräsentation stellt. Selbst auch aus Machtinteressen verheiratet, hat diese Gattin sich klaglos hingegeben, ohne den Anspruch, den Mann auch noch zu lieben. Die Tochter hat etwas falsch oder gar nicht verstanden. Es gibt in Wahrheit keine Wahlfreiheit. Und Spottlust steht einer Frau nicht an.

Von Jacob Grimm hingegen ist bekannt, dass er bis über die Schmerzgrenze hinaus spöttisch und sarkastisch war.

Der Vater wiederum, wäre er wirklich der gütig Gewährende, wie es anfänglich scheint, spricht nicht: „Liebste Tochter, du tust gut daran, die Freier zu verschmähen. Suche dir den Mann, den du liebst, oder bleibe bei mir und sei mein Augentrost, meine Freude bis ins hohe Alter." Wäre er nur im Entferntesten ein ödipaler Vater wie im Märchen „Allerleirauh", der seine Tochter gar zur Frau begehrt, könnte er noch hinzufügen:

„Mit dir kann ich reden, mit deiner Mutter nicht". Solche Väter gibt es, sie binden ihre Töchter so an sich, dass die es schwer haben, einen anderen Mann zu akzeptieren. Und schätzen das Weibliche, weil es von der Mutter kommt, gering. In diesem Märchen kommt die Mutter nicht vor, und der Vater gibt die Tochter zu schnell ab, demütigt sie noch dazu, also ist er nicht der liebende Vater, der sein Kind vor allem Unbill dieser Welt beschützen möchte.

Diese Tochter war im besten Fall ein nettes Spielzeug für den Vater. Ein angenehmer Anblick war sie auf jeden Fall, so schön wie sie war. Aber keine Mutter, keine Amme, keine Kammerzofe, hat ihr beigebracht, wie frau sich in jenen Kreisen zu benehmen hat. Stolz und Übermut als Einbildung oder als Attitüde, beides kracht zusammen wie auch die väterliche Toleranz. Übrig bleibt von der Tochter ein Häufchen Elend.

Sie ist nichts mehr wert und kann noch nicht einmal den Haushalt versorgen. Wie sollte sie das als Königstochter auch gelernt haben? Sie kann nicht kochen, kein Feuer machen, keine Körbe flechten und nicht spinnen. Dabei sind diese Tätigkeiten für arme Leute notwendig zum Überleben, und zudem für Frauen Beweise ihrer Fähigkeiten und Geschicklichkeit. Besonders das Feuermachen hat eine hohe symbolische Bedeutung. C.G. Jung beschreibt die Erotik der rituellen Handlung. „Rede und Feuer als Emanation des inneren Lichtes, von dem wir wissen, dass es die Libido ist", schreibt Sir Galahad in „Mütter und Amazonen, Liebe und Macht im Frauenreich." (Ullstein 1987, S. 250)

Nein, über ein inneres Feuer verfügt diese junge Frau nicht. „Sprache und Feuer sind die Manifestationen der Libido", spinnt Sir Galahad ihren Faden weiter.

Was geschieht denn der jungen Frau, deren Haut so zart ist, dass sie bei den einfachsten Verrichtungen schon blutet? Die frisch gebackenen Eheleute gehen ins Bett. Stille. Kein Wort mehr.

Kein morgendliches einander Erkennen, keine Freude im aufsteigenden Tageslicht: Du bist es also, der mich die Liebe lehren will? Nein, darum geht es ja nicht. Der Ehemann wirft sie früh aus den Federn, „weil sie das Haus besorgen sollte", ergänzt Wilhelm Grimm die Urfassung. Er schmückt in diesem Märchen einiges aus, aber verliert kein Wort über diese erste Nacht. Denn es geht um die Zähmung der Königstochter. Wie wir später sehen werden, dreht Wilhelm Grimm manches aus der Urfassung sogar um und verkehrt es ins Gegenteil.

Der Grundtenor ist: sie ist schuld, wenn sie schlecht behandelt wird. Statt Übermut lernt sie nun Demut. Und Furcht und vor allem: sie findet ihre Tränen. Das wäre ein heilsamer Prozess, wenn im Weinen die Kraft wüchse, Veränderungen in Angriff zu nehmen, und sich zu wehren. Aber das Gegenteil tritt ein: die junge Frau verstummt. In der Urfassung des Märchens blieb sie tagelang allein, nachdem sie sich erst nicht nach Hause traute mit den kaputten Töpfen, den Scherben, die ein berittener Husar aus dem Markt mit ihrer Ware anrichtete.

Wilhelm Grimm gibt sich damit nicht zufrieden. Als literarisch begabter Autor steigert er die Spannung. Jede Schreibwerkstatt kann sich ein Beispiel daran nehmen. Bei Wilhelm Grimm ist die Bettlersfrau noch immer nicht stumm. Sie erzählt ihrem Mann, was ihr widerfahren ist. Wiederum begeht sie einen fundamentalen Irrtum. Sie vertraut, wo sie misstrauisch sein müsste. Weder beim Vater noch beim Ehemann spürt sie die Gefahr. Es gibt kein Verständnis, es war zuvor schon nicht da. Die Frau soll begreifen, dass sie ihr Unglück selbst verschuldet hat. Lernt sie immer noch nicht. Was hat sie nur für eine widerspenstige Natur!

Und daher folgt eine weitere Demütigung.

Sie soll nun als Küchenmagd im Königsschloss arbeiten. Dieses Schloss gehört dem König Drosselbart.

Kochen und putzen soll sie dort lernen.

Jacob Grimm hatte die Urfassung aufgeschrieben, und Wilhelm Grimm, sein Bruder, bearbeitete sie. Er hat die Fantasie und das Interesse, denn mit ihm ist eine Frau an der Ausschmückung beteiligt, die ihm seit einiger Zeit am Herzen liegt: Dorothea Wild, die Nachbarstochter, eine der Zuträgerinnen von Märchen. Seine künftige Ehefrau. Aber bis zur Heirat werden es noch 17 Jahre sein.

Das letzte große Gefühl, welches dieses weibliche Wesen im Märchen vom König Drosselbart noch lernen muss, um endlich handzahm zu sein, ist die Scham. In der Pädagogik ist dieses das wirksamste Mittel, um Eigensinn zu beugen, schlimmer als Schläge. Und Scham überfällt unsere Königstochter reichlich, denn sie wird öffentlicher Gegenstand von Gelächter und Spott. Dafür sorgt ihr späterer Angetrauter. Offenbar war die überstürzte Eheschließung mit dem Bettler nur eine Farce, eine Inszenierung. Dreckig und zerlumpt steht sie an der Tür zum königlichen Ballsaal und späht in die feine Gesellschaft. Der Königssohn will heiraten, wir erfahren, es ist der Drosselbart, aber wo ist das auffällige Kinn? Hinter goldenen Ketten verborgen!

Die Urfassung verfährt mit der Frau ein wenig moderater, fast möchte ich sagen, menschlicher. Da besucht sie der Vater in ihrer einsamen armseligen Hütte, und will „Milch essen", heißt es. Er kommt mit seinem Hofstaat, sie war tagelang allein gelassen worden von ihrem Bettelmann. Ich stelle mir vor, dass sie dort Selbstgespräche führte.

Die hessische Künstlerin Dorle Oberländer lässt sie einen mutigen Monolog sprechen (Lutz Röhrich: „Mann und Frau im Märchen", Verlag Diederichs, S. 25):

„Mir ging es prächtig – bis mein Vater auf die Idee kam, ich müsse unbedingt heiraten. Ich sage Ihnen ganz ehrlich: Ich hatte nicht die Bohne Lust dazu. Dann hat er alles angeschleppt, was Rang und Namen hat [...] Aber was soll ich Ihnen sagen: alles völlig unbrauchbares Gattenmaterial. [...] Und dann der mit dem krummen Kinn! Dass ich ihn Drosselbart genannt habe, hat der mir nie verziehen.

Schließlich hat es meinem Vater gereicht. Er hat mich dem erstbesten Bettelmann gegeben. Das war natürlich wieder dieser Drosselbart. Schreckliche Geschichte. Wie hat der mich gequält, gedemütigt, durch den Schmutz gezogen – angeblich alles mir zuliebe. Um meinen stolzen Sinn zu beugen, hat er gesagt, der Schleimscheißer. Verzeihung!

Aber dann hat er den entscheidenden Fehler gemacht: Er hat mich geheiratet. Ich sage Ihnen: Er hatte seinen kurzen Spaß und er wird bereuen. Lebenslänglich!"

Eine fromme Hoffnung, dass die Ärmste diese Worte gefunden und eine solche Power hatte, um sich lebenslänglich mit weiblicher Tücke zu rächen.
Eher nehme ich an, dass sie verzweifelt und weinend auf ihren Peiniger gewartet hat, denn das folgende Ende passt nicht zu der selbstbewussten Frau von Dorle Oberländer. Hingegen passt der Monolog zu den ungehaltenen Reden ungehaltener Frauen. Denn schwesterlich geben wir Frauen in allen Jahr-

hunderten eine Stimme, und wir werden nicht müde, das zu tun!

In der Urfassung heißt es:

„Und sie (der Hofstaat in Anwesenheit des Vaters) fingen an, sie zu putzen nach ihrem ehemaligen Stand." Und da erscheint auch schon König Drosselbart. Er bittet sie um Verzeihung, „dass er so mit ihr hart umgegangen wäre, zur Strafe, dass sie ehemals über ihn gespottet hätte."

Nein, so kann Wilhelm Grimm das nicht stehen lassen. Wo kämen wir denn dahin. Wenn der Mann zu weich ist, fängt doch der Übermut wieder an. Und alle Mühe war umsonst.

Ich sehe Wilhelm und Dortchen nebeneinander am Tisch sitzen, die Papiere vor sich ausgebreitet, auf denen handschriftliche Notizen stehen. Man muss nahe zueinander rücken, um die Buchstaben zu entziffern. Wilhelm mit der angegriffenen Gesundheit atmet etwas schwer, Dortchen läuft in die Küche und bereitet einen Tee zu, eine Empfehlung ihres Vaters aus der Apotheke speziell zur Kräftigung bei Schwächeanfällen. Denn nun kommt der schwerste Teil in der Märchenumdichtung: die Szene der Offenbarung, der Läuterung, der Bewährung. Wilhelms König Drosselbart meint nämlich, sie solle sich nicht fürchten. Diese Art von Freundlichkeit dient dem Peiniger, sich als Gutmensch zu fühlen. Gleichzeitig ist sie der Test: Hat die junge Frau endlich alles verinnerlicht? Denn ist sie nun das gezähmte Ding, dann hat sie keinen Grund, sich zu fürchten. Tut sie es dennoch, so ist noch ein Fünkchen Eigensinn, ein Glimmen von Widerstand zu vermuten, Handhabe für den nächsten Schlag.

So erfährt sie, dass sie sich das alles selbst zuzuschreiben hat. Ihr zuliebe habe er sich verstellt. „Das alles ist geschehen, um deinen stolzen Sinn zu beugen und dich für deinen Hochmut zu strafen, womit du mich verspottet hast." Und ganz schlimm, ganz ganz schlimm, ist nun Folgendes, aber das sieht der Frauenbändiger natürlich anders, sonst hätte er es nicht so inszeniert: er teilt ihr mit, dass er der berittene Husar war, der die Töpfe auf dem Markt entzwei geritten hatte. Denn sie muss seine Heldentaten kennen, um zu ermessen, was er alles für sie getan hat. Nun ist der letzte Rest an Selbstachtung verloren. Liebe Frau Oberländer, wir beide können eigentlich nur trauern um Elektra, pardon, die namenlose Königstochter, die Bettlersfrau: alles, was vorher Ahnung von einem Ich-Gefühl war, sich Stolz, Übermut und Spott erlaubte, statt Mut zu einem klaren Nein zu haben, liegt nun zerbrochen am Boden. Töpfe als Symbol von Intaktheit, Jungfräulichkeit. Hochzeitsrituale gibt es, wo gemeinsam ein Topf zerbrochen wird. Nichts anderes bedeutet der Polterabend. Und wer so über Heiles hinweg geht, wie mag der mit, Halt, dürfen wir überhaupt so weit denken? Sind nicht bis heute die Kinder- und Hausmärchen ein hehres Gut, übersetzt in 160 Muttersprachen.

„Jacob und Wilhelm Grimm hatten die Welt im Auge. Sie sammelten, [...] glichen ab mit den Mythenschätzen ferner Länder, verdichteten und erweiterten und schufen daraus Prototypen für das Erleben und Sortieren von Wirklichkeit."(aus: „Es waren einmal zwei Brüder..." von Martin Tschechne, in: „Psychologie Heute", Mai 2012)

Frauen müssen auf Kurs gebracht und gehalten werden. Das ist ein wirklich globales Anliegen.

Ist es unbotmäßig, so etwas zu behaupten? Denn soweit hat der gute Wilhelm Grimm sicher nicht gedacht. Aus seiner Sicht werden Kindermärchen erzählt, „damit in ihrem reinen und milden Lichte die ersten Gedanken und Kräfte des Herzens aufwachen und wachsen" (Zitat aus: Wilhelm Grimm, Kleinere Schriften 1, 333 nach Stefan Martus, Die Brüder Grimm, rowohlt Berlin 2009, S. 213). Hat er doch aus der Urfassung von „Rapunzel" in der zweiten Fassung 1819 die Schwangerschaft weggestrichen und das Mädchen sich verraten lassen durch die naive Frage an die Fee, wie es nur komme, dass diese so schwer, hingegen der junge Königssohn so leicht heraufzuziehen sei.

Schon wieder erlaube ich mir, über die Grenze hinaus zu denken, die mir die bearbeitete Fassung der Kinder- und Hausmärchen setzt.

Können Frauen nicht einfach Ruhe geben und sich der pädagogischen Aussage dieses Märchens vom König Drosselbart anschließen? Schließlich handelt es sich hier um einen Reifeprozess. Und den kann frau nicht ohne man machen. Wie unbequem doch dieses aufmüpfige Frauendenken ist. Und so unfriedlich!

Kehren wir zurück zu der zerlumpten und schmutzigen jungen Frau vor dem Ballsaal. Wir wollen sie da nicht allein lassen, denn nun steht sie im Kreis der gaffenden und kichernden Festgemeinde. Gerade hat sie die Wahrheit offenbart bekommen, wer hier das Sagen hat.

Die junge Frau begreift.

Die Gehirnwäsche hat Früchte getragen.

Unsere Schwester bittet jetzt um Verzeihung: „Ich habe großes Unrecht gehabt", spricht sie.

Ach, wie sich der Lehrmeister freut, ganz großherzig wird er und mild, denn sie fährt fort: „Ich bin nicht wert, deine Frau zu sein."

Wie gesagt, das steht nicht in der Urfassung. Und erst jetzt, so die bearbeitete Fassung, erscheint der Vater.

Die stolze und übermütige Frau hat nun die Matura. Wilhelm Grimm, oder ist es Dortchen Wild?, legt dem Mann die Worte in den Mund: „Tröste dich."

Das wird ihr nicht so leicht fallen, aufgeregt wie sie ist. Gefühle brauchen Zeit. Aber die bekommt sie nicht.

Denn die Belohnung für ihre Selbsterniedrigung folgt auf dem Fuße: „Die bösen Tage sind vorüber, jetzt wollen wir unsere Hochzeit feiern."

In der Urfassung lebten sie vergnügt bis an ihr Ende. Bei Wilhelm Grimm fing die rechte Freude erst nach der Vermählung an. Und weil damit nun alles seine Ordnung hat, schließt er das Märchen mit dem Satz:

„Ich wollte, du und ich, wir wären auch dabei gewesen." In seiner heiligen Einfalt wird er sich der Doppeldeutigkeit dieses Satzes sicher nicht bewusst gewesen sein. Ich bin jedenfalls froh, nicht dabei gewesen zu sein, nicht ihr Gesicht gesehen zu haben, die aufgerissenen Hände, die Augenringe um den angstvollen Blick.

Die Schwestern Jeannette, Marie und Amalie Hassenpflug haben dieses Märchen Jacob Grimm erzählt. Sie erinnerten sich daran aus ihrer Kinderzeit in Hanau. Sie gehörten zum sogenannten Freitagskränzchen bei den Brüdern Grimm in der Marktgasse 17 in Kassel, und zwar regelmäßig bis 1813. Jeannette (1791 bis 1860) war die Freundin von Lotte Grimm, der Schwester von Wilhelm und Jacob Grimm. Die Mutter Maria Magdalena Hassenpflug entstammte einer Hugenottenfamilie namens Droume aus dem Dauphine. Im Hause Hassenpflug wurde ausschließlich französisch gesprochen.

1798/99, Jeannette war sieben Jahre alt, zog die Familie von Hanau nach Kassel. Die Hassenpflugsche Quelle bezog sich auf französische Märchenfassungen, zum Beispiel „Rotkäppchen" oder „Der gestiefelte Kater" von Charles Perrault aus dem 18. Jahrhundert. Die Brüder Grimm haben später hinsichtlich der Provenienz der Hassenpflugschen Beiträge durch die divergierenden Formulierungen „aus Hessen", „aus Maingegenden" oder „aus Hanau" unterschieden. (aus: Heinz Rölleke, Die Märchen der Brüder Grimm, Reclam, S. 77)

Nehmen wir an, dass die Ausschmückungen in der Fassung Nr. 52 vom König Drosselbart im ersten und allen Folgebänden der Kinder- und Hausmärchen eine Gemeinschaftsarbeit von Dorothea genannt Dortchen und Wilhelm Grimm war, so bekommen wir eine Ahnung, warum gerade sie die Auserwählte für die Eheschließung war. Die geschwisterlich vorbereitete Ehe passte ins Lebenskonzept der Brüder Grimm. Manchmal redete Dorothea scherzhaft von ihren „zwei Männern", berichtet der Bruder Ludwig Emil Grimm in seinen Erinnerungen.

Sie war den Brüdern schon von Kinderzeit an bekannt, Freundin der Schwester Lotte und von der Mutter Dorothea Grimm wie eine eigene Tochter wertgeschätzt. Und wir wissen, dass dieser eheliche Bund nur möglich war, weil die brüderliche Gemeinschaft unverändert fortdauern durfte. Mit dieser Mitarbeit hat sie sich die Gewogenheit der Brüder und die Eintrittskarte für die Eignung als Ehefrau erworben, gezeigt, dass sie ihre Lektion gelernt hat und an ihre Töchter weitergeben würde.

Zur Entstehungsgeschichte der Bearbeitung des Märchens vom König Drosselbart

Eine romantische Liebesheirat hatte keinen Reiz für Wilhelm, noch weniger für Jacob Grimm.

Auguste Bußmann war 16 Jahre alt, als sie sich, wie Clemens Brentano an Achim von Arnim im Oktober 1807 schrieb, „mit erschrecklicher Gewalt an den Hals warf [...] ohne zu lieben falle ich in eine Art von Fieber." (aus: „Requiem für eine romantische Frau" von Hans Magnus Enzensberger 1999, S.14). Aus seinen Briefen wird nicht spürbar, warum er sie geheiratet hat.

Im Herbst 1807 besuchte das Paar die Brüder Grimm in Kassel. Diese erlebten ein Ehedrama „der vollendeten Eigensinnigkeit, in dem sich die Protagonisten ganz ihren subjektiven Neigungen hingaben." (Steffen Martus, S. 129). Clemens Brentano hatten die Brüder Grimm 1803 während ihres Studiums in Marburg über ihren hochverehrten Lehrer Professor Friedrich Carl von Savigny kennen gelernt. Und ebenfalls Bettina, seine Schwester und später 1807 Achim von Arnim. In der 1805 herausgegebenen Sammlung von Balladen und Romanzen, einer Mischung aus älteren Kunstliedern und allgemein verbreiteten Volksliedern: „Des Knaben Wunderhorn" von Clemens Brentano und Achim von Arnim hatten die Brüder Grimm mitgearbeitet und entscheidenden Anteil an dem in Kassel redaktionierten dritten Band gehabt.

Die Brüder waren bemüht, dem Wunsch von Clemens Brentano zu entsprechen, der eine Märchenausgabe plante.

Uneigennützig sandten sie ihm ihre ersten 54 gesammelten Texte nach Berlin, Jacob war klug genug, zuvor Abschriften zu verfassen, denn Clemens Brentano antwortete nicht auf die Sendung.

Möglicherweise war er verstimmt. Denn zuvor war ein Versuch missglückt, in einem sogenannten Familienrat im März 1808 in Frankfurt, Teilnehmer waren u.a. die Brüder Grimm und Savigny, eine Trennung der unglücklichen Eheleute Clemens und Auguste Brentano zu organisieren. Wie es heißt, wollte sich Auguste nicht zu einer besseren Haushälterin degradieren lassen und beharrte eigensinnig darauf, „dass jene Leidenschaft und Liebe, die die Romantiker in Briefen, Romanen und Gedichten beschworen und mit deren Poesie Clemens sie für sich eingenommen hatte, in der Realität ihren Platz finden müsse." (Stefan Martus, S. 127). Hans Magnus Enzensberger hat in seinem dokumentarischen Roman das Beziehungsdrama beschrieben. Parallelen zum Eigensinn der Königstochter im Märchen vom König Drosselbart drängen sich auf. Jacob Grimm wurde in Kassel Zeuge, wie Clemens Brentano seiner Frau eine tüchtige Ohrfeige versetzte.

„Es ist hier nicht mehr die Rede von ehelicher Uneinigkeit", schrieb Friedrich Carl von Savigny an Clemens Brentano ein halbes Jahr nach dem Kasseler Besuch des Paares, „sondern von einem tollen Weibe, das gezähmt werden soll." (aus: H.M. Enzensberger, 1999, S. 183)

Eine Zeitzeugin, Friederike Mannel in Allendorf, schildert Auguste, „nicht als halb wahnsinniges, unreifes Mädchen." Vielmehr sieht sie, dass in Auguste (Zitat:) „so viel Seele" ist und dass die „Missverständnisse" auf beiden Seiten liegen. (Stefan Martus, 129). Friederike Mannel nahm Auguste nach einem Selbstmordversuch bei sich auf und erlebte sie als freundlichen und dankbaren Gast. Die Ehe von Auguste und Clemens wurde geschieden

Auguste heiratete auf Wunsch ihres Onkels Moritz Bethmann einen August Ehrmann aus Straßburg, der durch diese Heirat Teilhaber in der Firma des Onkels wurde. Sie gebar vier Kinder und beging im April 1832, im Alter von 41 Jahren, Selbstmord. Sie hängte sich zwei Gewichtssteine um den Hals und ertränkte sich im Main.

Eine Frau, die widerspenstig und eigensinnig und vor allem anstrengend war. So schildern sie die Freunde aus dem Kreis um Carl von Savigny und die Gebrüder Grimm.

Ihre Stiefschwester Marie d`Agoult erlebte Auguste anders: „Da sie sehr viel Geist besaß und ungemein heiter war, ging ich gern zu ihr. Sie war voller Zärtlichkeit gegen mich." (aus: H.M. Enzensberger, S. 306)

Im Schlusswort seines Buches über Auguste Bußmann spricht H.M. Enzensberger die junge Frau direkt an:

„Im Kreis der Armins, und der Savignys, der Grimms und der Brentanos waren Sie die einzige wirkliche Romantikerin."(S. 318)

Zusammenfassende Betrachtungen:

Das Märchen vom König Drosselbart schildert den Werdegang einer jungen Frau, die „stolz und übermütig" Freier ablehnt. Der Stolz wird gebrochen, Übermut wandelt sich in Demut.

Die Urfassung ist moderater als die Bearbeitung von Wilhelm Grimm. Daher wird im Vergleich der beiden Texte deutlich, welches Motiv dazu führt, eine Frau das Fürchten zu lehren. Die Schwester Lotte und Auguste, die zweite Ehefrau des Freundes Clemens Brentano, zeigen Ansätze von Aufmüpfigkeit. Lotte stirbt nach dem sechsten Kind, Auguste begeht Selbstmord. Die Lösung im Märchen ist nach Beschämung als letztes probates Mittel die Unterwerfung. Heirat folgt als Belohnung.

Rotkäppchen
Bei Charles Perrault, Ludwig Tieck
und den Gebrüdern Grimm

Hintergrund und Bearbeitung

Die mündliche Quelle der Brüder Grimm für dieses Märchen war Jeanette Hassenpflug. Sie war eine Freundin von Jenny und Annette von Droste-Hülshoff, mit denen vor allem Wilhelm Grimm eine freundschaftliche Beziehung pflegte. Jeannette Hassenpflug (1791 bis 1860) war mit Lotte Grimm, der Schwester der Brüder Grimm befreundet und durch Lottes Heirat mit dem Bruder Ludwig Hassenpflug verwandtschaftlich mit ihr verbunden. Sie gehörte mit ihren zwei Schwestern Marie und Amalie zum sogenannten Freitagskränzchen bei den Brüdern Grimm in der Marktgasse 17 in Kassel, regelmäßig bis 1813. Die Familie Hassenpflug hatte vorher in Hanau gewohnt und stammte mütterlicherseits aus Frankreich. Da Jeanette fließend Französisch sprach und wie die ganze Familie literarisch gebildet war, dürfen wir annehmen, dass sie die französische ursprüngliche Fassung vom Rotkäppchen von Charles Perrault kannte. Diese erschien 1697 erstmals in gedruckter Form in seiner Märchensammlung: „Contes de ma mère l' Oye".

In ihrer Anmerkung zum Text schreiben die Brüder: „Dieses Märchen haben wir außer unserer mündlichen Sage, was zu wundern ist, nirgends angetroffen, als bei Perrault (chaperon rouge) wonach Tiecks Bearbeitung." (Zitat)

(aus: Hans-Wolf Jäger, Rotkäppchen, in: Texte und Materialien für den Unterricht, Märchenanalysen 2010, Reclam S. 94)

Tiecks Bearbeitung ist die 1800 entstandene Rotkäppchenfassung des frühromantischen Dichters Ludwig Tieck, der von 1773 bis 1853 lebte.

Im Folgenden möchte ich diese Darstellung der Rotkäppchenmärchen von Charles Perrault, Wilhelm Grimm und Ludwig Tieck vergleichen.

Bei allen wird das kleine Mädchen von Mutter und Großmutter abgöttisch geliebt. Aber Wilhelm Grimm fügt in das Körbchen für die kränkelnde Oma eine Flasche Wein hinzu. Von Wilhelm Grimm stammt die Ermahnung der Mutter, nicht vom Wege abzukommen und nicht zu stürzen, um die Weinflasche nicht zu zerbrechen und letztlich auch gesittet die Oma zu begrüßen und nicht in den Ecken herum zu gucken. Gemäß dem pädagogischen Auftrag des Grimmschen Märchens. Und die Grimmsche Oma lebt im Wald, während Perrault sein kleines Dorfmädchen nur den Wald durchqueren lässt, um zu dem Dorf der Großmutter zu gelangen. Der Grimmsche Wald ist wie bei Hänsel und Gretel der Ort schrecklicher Geschehnisse, bergende Dunkelheit für das Böse, welches bekanntlich allüberall ist. Aber Perrault warnt das Kind nicht, da gibt es keine Mutter, die in fürsorglichen Gedanken das Kind begleitet. „Das arme Kind, das nicht wußte, wie gefährlich es ist, bei einem Wolf zu verweilen und ihm Gehör zu schenken", schreibt Perrault.

Perrault und Grimm gestalten nun in einem Dialog des Kindes mit dem Wolf wachsende Spannung. Bei beiden gibt das unschuldige Mädchen wichtige

Hinweise preis, die das spätere Unglück erst ermöglichen, zum Beispiel den Ort, wo die Großmutter wohnt. Nun erweist sich das erzählerische Talent von Wilhelm Grimm. Er gibt uns einen Einblick in die hinterhältigen Gedanken des Wolfes, stellt Motiv und Getriebensein bei dem Tier dar und beim Leser das anflutende Entsetzen über des Wolfes listiges Gesäusel. Denn der macht das Mädchen aufmerksam auf die schöne Umwelt, die lieblich singenden Vöglein, die schönen Blumen. „Rotkäppchen schlug die Augen auf", schreibt Wilhelm Grimm. Der Verführer macht das Kind sehen. Sonnenstrahlen tanzen durch die Bäume.

Perrault aber kennt offenbar Kinder, denn er lässt den Wolf eine Wette vorschlagen, denn zu seiner Zeit konnte man mit der Schönheit der Welt kein Geschäft machen. „Wer zuerst da ist", sagt der Wolf, denn er wolle auch die Großmutter besuchen.
So mag also das „kleine Dorfmädchen" nach Perrault in dem Alter sein, da man zwar weiß, was die Erwachsenen von einem erwarten, aber es doof findet, immer brav den Weg entlang zu gehen. Noch nicht mal hüpfen darf es nach Wilhelm Grimm, der offenbar von seiner Lebensart ausgeht. Kränkelnde Schwäche, und damit hatte Wilhelm sehr zu tun, wird mit einem Glas Wein angegangen, sofern man diesen besitzt. Was in der Familie eines Dorfmädchens nach Perrault erheblicher Luxus gewesen sein dürfte. Sie bringt ein Töpfchen Butter mit zum Kuchen, das ist kostbar in jener Zeit.
Perrault legt das Kind zu dem Ungeheuer ins Bett. „Da war sie sehr erstaunt, wie ihre Großmutter ohne Kleider aussah." Es folgt bei Perrault die Aufzählung der Hinweise, was alles an der Großmutter

merkwürdig ist. „Großmutter, was habt Ihr für große Arme." Wolf: „Damit ich dich besser umarmen kann, mein Töchterchen."

Nein, so etwas wollen wir bei Grimm noch nicht einmal denken. Das Wilhelmsche Kind bleibt vor dem Bett stehen, und folglich kommt es zu einer anderen Reihenfolge, deutlich gesitteter, aber gänzlich unlogisch. So hat der Wolf im Bett das Nachthemd der Großmutter an.

Perrault hat keine Scheu, uns die ganze Hässlichkeit des nackten, haarigen Gesellen vor Augen zu führen:

„Großmutter, was habt Ihr für große Beine!" „Damit ich besser laufen kann, mein Kind." Und nun erst sind es die Ohren und Augen, so wie bei Wilhelm. Und genial lenkt er jetzt den Blick auf die großen Hände: „Dass ich dich besser packen kann." Ein Seufzen geht durch die Zuhörerschaft. Jetzt geht es um Sekunden. Gleich wird das Tier im Bett sein Maul aufreißen, die grauenhaften Zähne blecken und das zarte Kinderfleisch genüsslich herunterschlingen.

Damit und mit einer moralischen Belehrung zum Dessert verlässt uns Perrault. Es gibt kein gutes Ende.

Und nun ahnen wir, was Frauen blüht, wenn sie sich mit dem Tier einlassen: „Hier sieht man, dass kleine Kinder, zumal junge Mädchen, wenn sie hübsch sind, fein und nett, sehr schlecht daran tun, jedwedem Gehör zu schenken, denn dann nimmt es nicht wunder, dass der Wolf so viele von ihnen frisst. Ich sage der WOLF, weil nicht alle Wölfe von der gleichen Art sind. Da gibt es solche, die kein Aufsehen erregen und sich zuvorkommend, liebenswürdig und brav zeigen. Ganz zahm und gefällig folgen sie den jungen Damen in ihre Häuser und in ihre Gemächer – doch ach! Wer weiß es nicht, dass die sanften Wölfe unter den Wölfen die allergefährlichsten sind." (aus: Charles Perrault)

Ich bezweifle, ob die Grimmsche Version weniger grausam ist. In allen Versionen ist es unlogisch, dass der Wolf mit dem Kind redet, anstatt es gleich zu verschlingen, zumal es der zartere Happen ist. Perrault lässt noch ein paar Holzfäller auftreten, daher ist der Wolf zögerlich. Die fehlen aber bei der Grimmschen Fassung. Die Spannung soll gesteigert werden, daher erst der Verzehr der Großmutter, die unwahrscheinliche Kostümierung bei den Grimms, und dann erst die gruselige Geschichte, wie der Wolf das Kind frisst. In der handschriftlichen Erstfassung von Charles Perrault steht eine Randbemerkung:
„Um dem Kind Angst zu machen, spricht man diese Worte mit lauter Stimme, als ob der Wolf drauf und dran sei, es zu fressen." (aus: Hans Ritz, Die Geschichte vom Rotkäppchen, Muriverlag 1983, S. 57)

Die Gestalt des Jägers fehlt bei Perrault, Ludwig Tieck hat sie hinzugefügt. In „Leben und Tod des kleinen Rotkäppchens" lässt er den Jäger kommen, aber der schießt zu spät. Erst bei Wilhelm Grimm nimmt die Geschichte einen sogenannten guten Ausgang. Der Jäger ist wichtig, ist er doch der Einzige, der am Ende den schlauen Wolf besiegt. Auffällig ist nur, dass der Jäger einfach in das Haus hinein spazieren darf, nur weil darin jemand laut schnarcht. In einem Land und zu einer Zeit, da die Polizei bei jeder lauten Äußerung Verdacht schöpft.

Bei Tieck schimpft der Jäger über den Wolf: „Sie sind unverschämte Gesellen, die sich gern aller Orten darstellen." (aus: Hans-Wolf Jäger, Rotkäppchen. Märchenanalysen, Reclam, S. 85) Der Jäger sei die herkömmliche Vatergestalt ohne wirkliche Bedeutung, meint Erich Fromm. (aus: Märchen, Mythen, Träume, Konstanz 1957, S. 221)

Spätestens jetzt im Vergleich mit der Tieckschen Fassung stellt sich die Frage, ob die rote Kappe, die Verführung und der letztendliche Sieg über das Tier politische Dimensionen haben. Den Brüdern Grimm ist die Befreiung wichtig und die Hinrichtung des Wolfes. Dieser ist bei Tieck der Franzose, der die revolutions-republikanische Sache vertritt, die herrschende (höfische) Ordnung bekämpft. Der allegorische Charakter wird deutlich, als der Wolf dem Hund des Jägers vorwirft, ohne eigenen Willen im Bunde mit „unserem gemeinschaftlichen Tyrannen" zu sein. (Jäger, S. 101)

Bei Tieck ist der Wolf durch schlimme Erfahrungen zum Menschenhasser geworden.

Der Jäger gilt als Fürstenknecht, der jede freiheitliche Bestrebung der Untertanen ahndet, Handlanger einer absolutistischen Willkür, die in Zeiten der Jagd die Felder rücksichtslos zerstört. Er kommt nicht gut weg bei Tieck, er ist ein eitler Fatzke, der sich seines grünen Rockes rühmt, während Rotkäppchen stolz verkündet: „es geht doch nichts über die Farbe Rot." Alle sind unzufrieden mit ihr, die ihre Frühreife zeigt und stolz auf ihre Aufgeklärtheit ist und gegen Eltern und Autoritäten aufbegehrt. Tieck vermittelt, wie das vorwitzige, naseweise Mädchen ein Raub des Wolfes wird. Der bleibt ein Bösewicht. (Jäger, S. 105)

Bemerkenswert ist, dass die Gebrüder Grimm die Assoziationen des politischen Hintergrundes, die sich bei Tieck einstellen, in ihrer gereinigten Fassung zulassen. Sie warnen vor Verführbarkeit und jugendlich-arglosem Umgang mit dem Verderber. (Jäger, S. 106)

Bis in die Gegenwart wird die Wolfsgestalt allegorisch benutzt für linke Parteien, Marxismus und „Sozialisierung." In der Springerzeitung wurden die gegen die Notstandsgesetze demonstrierenden Studenten Ende der 60er Jahre als „Wölfe und Radikalinskis" bezeichnet. Und 1972 wurde im Zuge der baden-württembergischen Landtagswahl die Arglosigkeit des Rotkäppchens beschworen, um die naive Bevölkerung vor einer SPD-Regierung zu warnen. Der Wolf im Bett seien die Jusos. Als Jäger empfahl sich die CDU, – allegorisch natürlich. (Jäger, S. 106)

Erschienene Bücher
im *Verlag Blaues Schloss* · *Marburg*

Ludwig Legge
Chimären in der Warteschleife
Neue Gedichte
Kartoniert, 52 Seiten
ISBN 978-3-943556-00-1
Preis: 8,50 Euro

Ludwigs Legges unverwechselbare Lyrik verbindet in bewusster Auseinandersetzung mit der Tradition der Moderne romantische und surreale Elemente, wie Roswitha Aulenkamp festgestellt hat.

Horst Schwebel
Der Durchstreicher
Geschichten
Kartoniert, 104 Seiten
ISBN 978-3-943556-09-4
Preis: 12,95 Euro

Die neun Geschichten handeln von Kunstfälschern, Künstlern, konkurrierenden Architekturprofessoren, von einem Unternehmer, der einen Pfarrer kauft, einem Baron, der für seinen Sohn einen Doktortitel erwerben will und von anderen auffällig gewordenen Zeitgenossen.

Obgleich die Geschichten auf den ersten Blick kaum zu glauben sind, haben sie meist einen realistischen Kern. Mit Schmunzeln und Augenzwinkern vermittelt der Autor, dass Alltägliches und Fiktion mitunter nahe beieinander liegen und bereits der Alltag satiretauglich ist.

Joachim Kutschke
Wiedersehen auf Mallorca
Roman
Kartoniert, 408 Seiten
ISBN 978-3-943556-10-0
Preis: 22,00 Euro

Drei Männer, Bernd, Peter und Klaus, ehemalige Jugendfreunde, treffen sich durch Zufall wieder. Sie beschließen spontan, nach so langer Zeit ein Wiedersehen auf Mallorca zu feiern. Doch was als spät zu entzündendes nostalgisches Jugendfeuerwerk der Erinnerungen gedacht war, entwickelt sich zur Katastrophe…

Alle drei in Hanau, einer Provinz- und Industriestadt nahe Frankfurt a. M., geboren, waren getrieben vom Optimismus ihrer Jugend, vom festen Willen, dem Elend und den Trümmern der zerstörten Welt zu entkommen. Und so folgten sie brav und gehorsam den Ermahnungen der Erwachsenen, etwas Ordentliches zu lernen. Aber in ihren Köpfen und Herzen spukten ganz andere Phantasien, Träume vom Ausbruch aus provinzieller Enge, von einem anderen Leben.

Das präzise Stimmungsbild einer Generation, die – als zu früh Geborene – den Weg in die 68er Szene nicht finden konnte. Die Biographien dreier unterschiedlicher Charaktere, in deren Lebenswirklichkeit sich die ganze Epoche der Bundesrepublik spiegelt.

Hans Schauer
Über Vieles im Ganzen
Band 1: **Über Monotheismen**
Kartoniert, 390 Seiten
ISBN 978-3-943556-01-8
Preis: 22,00 Euro

Im Band 1 „Über Monotheismen" wird der inzwischen weltweit verbreitete Glaube an den einen Gott, der keine anderen Götter neben sich dulden mochte, als ideengeschichtlich später Zivilisationsbruch dargestellt.

Hans Schauer
Über Vieles im Ganzen
Band 2: **Ein Lob der Vielfalt**
Kartoniert, 340 Seiten
ISBN 978-3-943556-02-5
Preis: 22,00 Euro

Den vagen Unendlichkeiten der Attribute des alleinherrschenden Monotheos („Allmacht", „Allwissenheit", „Ewigkeit", oder gar „summum bonum"!) wird in diesem Band eine für Menschen verträglichere und dienlichere Vielfalt von Positivitäten gegenübergestellt, orientiert an den ursprünglichen Pluralitäten der Familie, an der sich selbst organisierenden Gemeinde und der politischen Gewaltenteilung, aber auch ganz modern an den Möglichkeiten der Teamarbeit und der multidisziplinären Forschung.

Elke Therre-Staal
Kinder- und Hausmärchen
der Gebrüder Grimm:
Analysen und Frauenbild
Kartoniert, 62 Seiten, 2 Farbbilder
ISBN 978-3-943556-15-5
Preis: 8,50 Euro

„Das letzte große Gefühl, welches dieses weibliche Wesen noch lernen muss, um endlich handzahm zu sein, ist die Scham. In der Pädagogik ist dieses das wirksamste Mittel, um Eigensinn zu beugen, schlimmer als Schläge. Und Scham überfällt unsere Königstochter reichlich, denn sie wird öffentlicher Gegenstand von Gelächter und Spott. Dafür sorgt ihr späterer Angetrauter. Offenbar war die überstürzte Eheschließung mit dem Bettler nur eine Farce, eine Inszenierung. Dreckig und zerlumpt steht sie an der Tür zum königlichen Ballsaal und späht in die feine Gesellschaft. Der Königssohn will heiraten, wir erfahren, es ist der Drosselbart, aber wo ist das krumme Kinn? Hinter goldenen Ketten verborgen!"

Elke Therre-Staal *1943 in Westpreußen, heute Polen, geboren, in Westdeutschland aufgewachsen, promovierte Psychiaterin und Psychotherapeutin, eigene Praxis seit 1986.
Preisträgerin der besten Kurzgeschichte 2003 Hamburger Axel-Andersson-Akademie, Lyrik- und Kurzgeschichtenveröffentlichungen in Anthologien 2003-2010.

Regine Wagner-Preusse
Vorsicht Schule!!!
Leben in schulischen Minenfeldern
Kartoniert, 200 Seiten
ISBN 978-3-943556-17-9
Preis: 15.50 Euro

„Kurz vor Unterrichtsende entgleitet die Situation. Auch die Bravsten sind nicht mehr zu bremsen. Taschen werden gepackt. ‚Ich bin noch nicht fertig. Setzt euch wieder hin!.' Keine Reaktion. Stattdessen drängen alle zur Tür", sagt Bernd und schaut auf den Flur, in den sich durch geöffnete Klassentüren ungeduldige Schülertrauben zwängen. „Überall das Gleiche. Trotzdem ein untragbarer Zustand." „Warum bekommt man so ein Problem nicht in Griff? Wird das nicht in den Konferenzen thematisiert?"

Verblüffend offen und aufrüttelnd diese Nahaufnahmen aus einem Bildungssystem, das stets das Beste will und oft das Falsche schafft: Alleingelassene und überforderte Lehrer und Schulleiter, die mit Mühe den Schein pädagogischen Normalbetriebs aufrechterhalten. Schüler, denen in viel zu großen Klassen nicht individuell geholfen werden kann und Eltern, die...

Regine Wagner-Preusse *1951, Studium der Germanistik, Politik und Soziologie, Ausbildung in Familientherapie, arbeitete in der Psychiatrie und ist seit vielen Jahren Lehrerin in der Erwachsenenbildung und in der Staatsschule.

Uni im Café · Neue Literarische Gesellschaft Marburg

Uni im Café 1
Uhlig, Claus:
Jane Austens Romane. Kostüme, Dialoge und Philosophie.
Kartoniert, 46 Seiten
SBN 978-3-943556-11-7
Preis: 7,95 Euro

Jane Austen (1775-1817) lebt. Ihre sechs Romane finden sich in den Buchhandlungen, und ihre Heldinnen sind uns durch gelungene Verfilmungen der letzten Jahre präsent. Ihr soziales Milieu ist der niedrige Adel bzw. die gehobene ländliche Mittelschicht. Literaturgeschichtlich jedoch gehören ihre Werke in die Reihe des englischen Frauenromans, den sie nicht nur durch die Kunst ihrer Stilmittel, sondern auch durch ihre klaren moralischen Begriffe und Verhaltensnormen verfeinert und bereichert.

Claus Uhlig, geboren 1936 in Berlin, ordentlicher Professor für Englische Philologie, Hamburg, (1973-78) sowie für Anglistik und Amerikanistik in Marburg (1978-2005). Forschungsschwerpunkte sind: Renaissance, Humanismus und die Theorie der Literatur.

***

Uni im Café 2
Martin, Gerhard Marcel:
Apokalypse. Weltuntergang – innen und außen
Kartoniert, 48 Seiten
ISBN 978-3-943556-12-4
Preis: 7,95 Euro

Religionsgeschichtlich heißt „Apokalypse" nicht Weltzerstörung, sondern Enthüllung, Aufdeckung, Offenbarung destruktiver, aber auch rettender Mächte. Doppeltes Thema ist Weltende genauso wie Weltverwandlung durch ungeheure Vernichtungsprozesse hindurch. Apokalypse geschieht außen und innen: in weltpolitischen Dimensionen und in Visionen von himmlischen und höllischen Welten. Schon Kant unterscheidet ein natürliches, ein katastrophisch widernatürliches und ein „übernatürliches", „mystisches" Ende aller Dinge. Sind apokalyptische Traditionen gegenwärtig aktuell – in Politik, Tiefenpsychologie und Theologie? Wo geschieht „Apokalypse" heute?

Gerhard Marcel Martin, geb. 1942 in Düsseldorf / Lehraufträge Union Theological Seminary New York / 1975-1982 Pfarrer und Studienleiter, zeitweise stellvertretender Direktor an der Evangelischen Akademie Arnoldshain / 1982-2007 Professor für Praktische Theologie an der Philipps Universität Marburg (seit 1999 auch Universitätsprediger) / 2006-2008 Gastprofessor an der (buddhistischen) Otani University Kyoto/Japan.

***

Uni im Café 3
Schmitt, Arbogast:
Homer und wir
Kartoniert, 52 Seiten
ISBN 978-3-943556-13-1
Preis: 7,95 Euro

Homer konfrontiert die Leser einer aufgeklärten Gesellschaft mit einem merkwürdig gemischten Befund: Man findet viel Vertrautes, daneben aber Vieles, mit dem man sich in keiner Weise mehr identifizieren kann. Eine genauere Beschäftigung mit ihm kann aber zeigen, dass ausgerechnet das für uns Fremde auf guten Beobachtungen und einem psychologisch erstaunlich differenzierten Verständnis des Menschen beruht.

In einer Welt, in der die Auseinandersetzung mit fremden Kulturen und Religionen zu einer hoch relevanten Aufgabe geworden ist, kann Homer eine gute Einübung in diese Aufgabe bieten.

Arbogast Schmitt, Professor für Literatur und Philosophie der Antike an der Universität Marburg sowie an der FU Berlin, setzt die platonisch-aristotelische Erkenntnistheorie mit der

Erkenntnistheorie der Neuzeit in ein Verhältnis und untersucht das jeweilige Verständnis von Ästhetik, Ethik und Politik.

Weitere Forschungsschwerpunkte sind das homerische Epos, die attische Tragödie und die Dichtungstheorien der Antike und deren Widerspiegelung in der Moderne.

Uni im Café Bücher sind erhältlich:
- Bei den Veranstaltungen der Neuen Literarischen Gesellschaft im Café Vetter
- Beim Verlag Blaues Schloss
  www.verlag-blaues-schloss.de
- Im Buchhandel oder bei Amazon.de

In Vorbereitung
Theologie im Paradies

Elsas, Christoph:
Theologie im Paradies
Jenseitsvorstellungen in den Religionen
Kleine Schriften zu Theologie und Religion
Herausgegeben von Marian Zachow
Kartoniert, ca. 52 Seiten
ISBN 978-3-943556-16-2
Preis: ca. 7,95-8.95 Euro

Die Veranstaltungsreihe heißt „Theologie im Paradies" und findet im alten Klostergarten statt. Das Wort Paradies stammt aus dem Altpersischen und meint das Umzäunte, den Garten.

Leben ist Hoffen und Bangen – mit dem Tod hat die liebe Seele Ruh, und Paradies ist dabei das Ende allen Vermissens: Frieden durch Sättigung.

Auch wenn Jenseitsvorstellungen in den Religionen auf Offenbarungen gründen, sind diese Vorstellungen vom Jenseits, immer etwas Menschliches. Weil nichts Menschliches uns ganz fremd ist, können wir uns alle vier Grundperspektiven von paradiesischem Frieden vorstellen: 1. Auslöschung (wie westlich-humanistische oder auch chinesisch-daoistische Traditionen), 2. Auferstehung (wie Judentum, Christentum und Islam), 3. Wiedergeburt (wie Buddhismus und Brahmanen-Hinduismus) und 4. Abstammung (wie ethnische Religionen und auch Hinduismus oder westlicher Nationalismus).

Christoph Elsas, bis 2010 Professor für Religionsgeschichte am Fachbereich Evangelische Theologie der Universität Marburg; Schwerpunkt Religionsbegegnung und Dialog.

Helmut Hering,
Susanne Trinkaus
Kuriose Befindlichkeiten
Wie man ihnen ein Schnippchen schlägt, sie mit Humor und Fassung trägt
Kartoniert, 65 Seiten, 52 Abbildungen
ISBN 978-3-943556-19-3
Preis: 7,95 Euro

Wer hätte, zum Beispiel, nicht schon einmal ein „Zipperlein" gehabt oder einen „Gram" durchlitten, sich gelangweilt oder sich in einem „Zugzwang" befunden?
Jede Figur stellt sich Ihnen in ihrem Fühlen und Sich-Befinden in Bild und Schrift vor.

Gram
Es sitzt ein Ärger mir im Leibe,
an dem ich mich und And're reibe,
ich bin verletzend und verletzt.
Es ist der Gram, der mich besetzt.

Helmut Hering, 1945 in Weißenfels/Saale geboren, lebt in Niederweimar bei Marburg und arbeitete bis Mai 2012 als Zahnarzt.

Susanne Trinkaus, im Jahre 1975 in Frankfurt geboren, lebt in Marburg und arbeitet dort als Ergotherapeutin.

Joachim Kutschke
„geil", „ätzend" und „keine Ahnung"
Kartoniert, 188 Seiten
ISBN 978-3-943556-18-6
Preis: 12,00 Euro

Auf dem Hintergrund einer kritischen und präzisen Gesellschaftsanalyse werden die vielfältigen Einflüsse und Zwänge aufgezeigt, die Jugendliche in ihrer Entwicklung und Selbstfindung prägen, sie verführen, manipulieren und fremdbestimmen – die ihnen einen Pseudo-Individualismus aufschwatzen und kaum eine Chance lassen, wirklich ihren eigenen Weg zu finden. Anhand vieler anschaulicher Beispiele werden Hintergründe und Ursachen für Denk- Und Verhaltensweisen Jugendlicher heute aufgezeigt, für ihre Probleme im Umgang mit Eltern, Schule und der Konsumwelt.

Dabei wird uns allen der Spiegel vorgehalten: den Erwachsenen, Eltern und Lehrern und natürlich den Jugendlichen selbst. Wir werden konfrontiert mit den Widersprüchen in unserem Denken und Handeln, mit unseren Selbsttäuschungen, unserer Verführbarkeit und unseren bequemen Schuldzuweisungen.

Ein Buch, das Jugendliche zugleich ermutigt, selbst die Verantwortung für ihr Leben zu übernehmen, nicht ihr Fähnchen in die wechselnden Windrichtungen des Zeitgeistes zu hängen und auf jeder modischen Welle des Mainstreams zu surfen.

Joachim Kutschke
Sieg der Windmühlen
Über die Unmöglichkeit des Schritthaltens
mit dem Tempo der Zeit
Ein Patchwork-Roman
Kartoniert, 288 Seiten
ISBN 978-3-943556-14-8
Preis: 16,50 Euro

Jonas Winkler ist ein Zuspätgekommener.
Die Hoch-Zeit der wilden Revolten war gerade vorbei. So versucht er – ein ideologischer fellow traveler – auf seine eigene Weise, die Orientierung im ganz normalen Chaos seines Lebens zu behalten.
Zum Leidwesen seiner Eltern verzichtet er – nach kurzer Junglehrer-Episode im enervierenden Schuldienst – auf eine solide Karriere, hält sich mit diversen Jobs und als Werbetexter über Wasser und bemüht sich – mal liebevoll, mal frustriert – um seinen inzwischen fast erwachsenen Sohn aus einer gescheiterten Studentenliebe mit der Psychologie-Studentin Oda.
Auf der Suche nach dem richtigen Leben im falschen balanciert er zwischen dem engagierten Entwurf der frühen Jahre, den ungelösten Widersprüchen seiner Generation und dem ermüdenden Kampf mit dem rasanten Wandel der Gegenwart durch die Höhen und Tiefen seines Lebens, durch neue Liebschaften und die unvermeidlichen Erfahrungen mit dem allmählichen Älterwerden.
Ein humorvoll-ironischer, manchmal melancholischer Episoden-Roman, in dem sich die Patchwork-Biografie des „Helden" zu einem lebendigen Mosaik zusammensetzt, das sensibel den Wandel und die Widersprüche seiner Generation und der bundesdeutschen Gesellschaft spiegelt. Eine Entwicklungsgeschichte, in der wir uns alle auf die eine oder andere Weise wiederfinden – in unserem Sisyphos-Kampf wider die wechselnden Windrichtungen des Zeitgeistes.